Tadpole Books are published by Jump!, 5357 Penn Avenue South, Minneapolis, MN 55419, www.jumplibrary.com

Copyright ©2020 Jump. International copyright reserved in all countries. No part of this book may be reproduced in any form without written permission from the publisher.

Editor: Jenna Trnka **Designer:** Anna Peterson **Translator:** Annette Granat

Photo Credits: Eric Isselee/Shutterstock, cover, 1, 8–9; Charles Bergman/Shutterstock, 2tr; Alan Tunnicliffe/Shutterstock, 3; Tsekhmister/Shutterstock, 2tl, 2ml, 4–5; Rudmer Zwerver/Shutterstock, 2mr, 2bl, 6–7; Joe McDonald/Shutterstock, 10–11; LazyFocus/Shutterstock, 2br, 12–13; Jeff Lepore/Alamy, 14–15; Paul Tymon/Shutterstock, 16.

Library of Congress Cataloging-in-Publication Data
Names: Nilsen, Genevieve, author.
Title: Los ratones / Genevieve Nilsen.
Other titles: Mice. Spanish
Description: Tadpole books edition. | Minneapolis, MN: Jump!, Inc., (2020) | Series: Animales en tu jardín | Includes index. | Audience: Ages 3–6
Identifiers: LCCN 2019041586 (print) | LCCN 2019041587 (ebook) | ISBN 9781645272793 (hardcover) | ISBN 9781645272809 (paperback)
ISBN 9781645272816 (ebook)
Subjects: LCSH: Mice—Juvenile literature.
Classification: LCC QL737.R6 N5518 2020 (print) | LCC QL737.R6 (ebook) | DDC 599.35—dc23

ANIMALES EN TU JARDÍN

LOS RATONES

por Genevieve Nilsen

TABLA DE CONTENIDO

Palabras a saber 2

Los ratones 3

¡Repasemos! 16

Índice 16

PALABRAS A SABER

bigotes

búho

cola

fruta

garras

madriguera

LOS RATONES

Los ratones son pequeños.

Los ratones tienen una cola.

bigotes

Tienen bigotes.

Tienen garras.

garra

Comen fruta.

Tienen orejas grandes.

Este ratón oye un búho.

¡Él corre!

Va a su madriguera.

madriguera

Se siente seguro.

Duerme durante el día.

Saldrá por la noche.

¡REPASEMOS!

Este ratón está comiendo semillas. ¿Qué está usando para agarrar y comerse su comida?

ÍNDICE

bigotes 5
cola 4
corre 11
duerme 14

garras 6
madriguera 12
orejas 9
oye 10